EL REINO ANIMAL ES UNO DE LOS MÁS VARIADOS DE LA NATURALEZA. HAY ANIMALES MUY PEQUEÑOS Y OTROS ENORMES. ALGUNOS SON MANSOS Y PUEDEN CONVIVIR CON LAS PERSONAS. OTROS SON SALVAJES Y VIVEN EN ESTADO SILVESTRE. PERO TODOS SON SERES VIVOS: NACEN, SE ALIMENTAN, CRECEN, TIENEN HIJOS PARECIDOS A ELLOS, ENVEJECEN Y MUEREN. EXISTEN TANTAS ESPECIES DE ANIMALES QUE ES IMPOSIBLE NOMBRARLAS TODAS. PERO PODEMOS CONOCER MUCHAS COSAS INTERESANTES SOBRE ELLOS. ¡VAMOS A VER!

La zorra, el lobo y el conejo

Los animales en su ambiente natural mantienen relaciones muy especiales. Se persiguen, se pelean, se hacen bromas y, a pesar de todo, aprenden a convivir... ¡a las corridas!

Era una tarde caliente cuando el sol caía sobre el río.

A la sombra de un árbol, el lobo y la zorra conversaban desde hacía largo rato. Discutían sobre cuál era la mejor forma de engañar y atrapar al conejo.

El pícaro conejo no sólo escapaba a todos sus intentos, sino que además les jugaba un montón de bromas, en las que la zorra y el lobo siempre salían perjudicados.

—¿Te acuerdas, amiga zorra, del día en que yo corría al conejo y, cuando estaba a punto de agarrarlo, el muy bandido se metió en un campo de cactus? —preguntó el lobo, y siguió diciendo—: Pero, pequeñito como es, él no se hizo nada, y yo quedé lleno de raspaduras y pinches.

—Recuerdo, recuerdo, don lobo —contestó la zorra—. ¿Y usted recuerda el día que lo quise atrapar en el hueco de un árbol y al meter el hocico me picaron un millón de hormigas? ¡Pobre de mí!

Recordando estas cosas que los llenaban de rabia, pensaron juntos un buen plan para engañar al conejo y ponerlo en ridículo. La zorra fue a su casa, se tiró en su cama y allí se quedó echada como si no existiera, mientras el lobo salió por todo el bosque gritando:

—¡Ha muerto la pobre zorra! ¡Estiró la pata! ¡A quien sea buen vecino lo invitamos a su velorio!

Los dos pícaros sabían que el conejo era muy curioso y no podría resistirse a ir hasta la casa de la zorra.

Y así ocurrió. Al llegar, el conejo se paró junto a la puerta, la abrió y vio a la dueña de casa tendida en la cama. Pero, como tuvo dudas de que ésta también fuera una mala jugada de la vieja zorra, no movió un solo dedo de su pie hacia adentro de la casa. Y desde allí dijo en voz alta:

—Ya me doy cuenta de que esto es un engaño. Bien sé yo que las zorras cuando mueren no dejan de mover su pata izquierda.

Y, en cuanto el conejo dijo esto, la zorra empezó a mover su pata izquierda. Entonces, el conejo lanzó una carcajada

—Ah, vieja zorra, sólo engañarás a quien no te conozca. Te he visto yo demasiadas veces cambiar el pelo pero no las mañas.

Y sin perder un minuto salió corriendo velozmente. Así una vez más, los embaucadores terminaron burlados.

Fábula de La Fontaine (adaptación de María Morales).

LA MENTIRA TIENE PATAS CORTAS Y TARDE O TEMPRANO TERMINA POR DESCUBRIRSE.

Familia de animales

Existen muchas **especies diferentes** de animales. Los que viven en la tierra, en bosques, selvas, praderas, montañas, desiertos... se llaman **animales terrestres**. Los que habitan en el agua de ríos, mares, lagos, lagunas o arroyos se llaman **animales acuáticos**. Y los que viven tanto dentro como fuera del agua se llaman **animales anfibios**. Pero todos tienen algo en común: una mamá que les dio la vida.

Algunos animales nacen de un huevo que pone la mamá, como los pájaros, los insectos, los peces, los patos, las ranas, las tortugas... Son **animales ovíparos**. Otros animales nacen del vientre de su mamá. Son **animales vivíparos**, como los perros, los conejos, los leones y los demás **mamíferos** (que son los únicos animales cuyas crías se alimentan con la leche de su mamá).

Cuando nacen, los animales son pequeños e indefensos. Mientras crecen, sus padres los alimentan o les traen comida y los protegen de los peligros. Las crías aprenden observando e imitando todo lo que hacen sus padres. Así, unos aprenden a volar; otros, a cazar... Y, poco a poco, todos van aprendiendo a conseguir su alimento, a reconocer el peligro y a defenderse por sí mismos. Es que **crecer no significa solamente aumentar de tamaño**. **CRECER TAMBIÉN ES APRENDER COSAS NUEVAS.**

¿QUÉ COSAS HACE UN ANIMAL PEQUEÑO QUE YA NO HACE UN ANIMAL ADULTO? ¿QUÉ COSAS HACE UN ANIMAL ADULTO QUE NO PUEDE HACER UN ANIMAL PEQUEÑO?

A la hora de comer

Las **ardillas** tienen sus dientes incisivos bien grandes; eso las ayuda a roer los granos de los que se alimentan.

Las **mariposas** tienen una larga trompa que se pliega y se despliega para succionar las flores cada vez que se alimentan.

No todos los animales comen lo mismo. Los animales que sólo comen vegetales se llaman **herbívoros**. Algunos comen los tallos y las hojas de las plantas. Otros comen hierbas o pastos. También hay animales que se alimentan con los frutos, los granos o las semillas de las plantas, o con el néctar de las flores.

Los animales que se alimentan con la carne de otros animales se llaman **carnívoros**. Algunos viven en el agua y otros en la tierra. Muchos pueden volar. Pero todos deben cazar a sus presas.

Los **felinos** tienen colmillos y garras afiladas para poder atrapar y desgarrar a sus presas.

El **sapo** y la **rana** tienen una lengua que se enrolla y desenrolla muy rápidamente; así pueden atrapar a los insectos fácilmente, porque caen sobre ellos con la lengua como si fuera un látigo.

Los animales que se alimentan tanto de vegetales como de animales se llaman **omnívoros**.

Las personas también somos omnívoras, aunque algunas prefieren ser sólo vegetarianas.

Los mamíferos

Son los únicos animales con pelo. Y también los únicos que alimentan a sus crías con leche. Precisamente, se llaman mamíferos porque maman al nacer.

La leche contiene todo lo que las crías necesitan para su crecimiento. Algunos mamíferos **amamantan** a varias crías a la vez.

Casi todos son **vivíparos**. Es decir que, antes de nacer, **crecen dentro del cuerpo de sus mamás**. Pero todos cuidan a sus crías y las protegen de los peligros hasta que crezcan lo suficiente.

Hay mamíferos muy sociables que **viven en grupo**. Es el caso de los chimpancés, que entre ellos cuidan de los pequeños y los defienden de sus enemigos.

El tamaño del cuerpo es muy variado. Hay muchos mamíferos grandotes, como el elefante, el rinoceronte, la ballena... Pero el más alto de todos es la jirafa.

Todos los mamíferos **necesitan del aire para respirar**, hasta la ballena. Por eso, aunque vive en el agua, la ballena sale a la superficie de tanto en tanto para respirar.

La mayoría de los mamíferos tiene **cuatro patas**. Algunos, como los canguros, tienen las patas traseras más fuertes. En cambio, los mamíferos marinos tienen **aletas**. Es el caso del delfín, por ejemplo.

LOS MAMÍFEROS SON ANIMALES QUE TIENEN EL CEREBRO MUY DESARROLLADO. PERO SOLAMENTE LAS PERSONAS PUEDEN RAZONAR CON INTELIGENCIA Y TENER SENTIMIENTOS, EMOCIONES Y VALORES MORALES.

Los que ya no están

Los dinosaurios son animales que vivieron hace millones de años, antes de que existieran las personas. Tenían diferentes formas y tamaños...

Algunos eran enormes. El **Brachiosaurus** era tan alto como una casa de tres pisos y pesaba lo mismo que nueve elefantes.

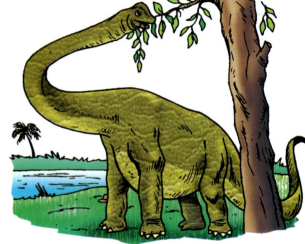

El **Triceratops** tenía cuernos afilados para protegerse de sus enemigos. A pesar de su aspecto tan temible, muchos eran **herbívoros**.

Otros, como el **Tyranosaurus Rex**, eran carnívoros. Tenían dientes filosos y fuertes garras para atrapar a sus presas. Pero **ya no hay dinosaurios** porque **se han extinguido**. Es decir, han desaparecido completamente.

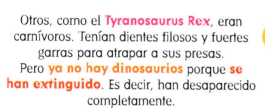

¿CÓMO SE SABE DE ELLOS?

Se sabe acerca de los dinosaurios gracias al estudio que realizan los científicos (llamados **paleontólogos**) de los **fósiles** que encuentran. Los fósiles son restos de animales (o de plantas) que vivieron hace mucho tiempo y se han convertido en piedra. De los dinosaurios se han hallado fósiles de huevos, de dientes, de huellas, de huesos, y hasta esqueletos completos, que luego son exhibidos en los museos.

Aprendiendo de los animales

Observando el comportamiento o las costumbres de algunos animales, podemos aprender a construir valores morales y actitudes positivas que nos ayudan a convivir y ser mejores cada día.

CONSTRUYENDO VALORES

Me propongo...

▶ **Levantarme y acostarme tempranito**, como lo hacen el gallo, la gallina y muchas otras aves. Así se aprovecha mejor el día para aprender cosas nuevas.

▶ **Cuidar mi higiene y aseo personal a diario**, como el gato, que solito, sin ninguna ayuda, se preocupa por verse limpio y aseado todos los días del año.

▶ **Nunca pelear "como perro y gato" con nadie**. Para convivir en armonía, hay que aceptar y respetar las diferencias, como hacen algunos perros y gatos que conviven pacíficamente.

▶ **No enojarme ni darme por vencido cuando las cosas no me salen como quiero**: insistir, perseverar y esforzarme, así como las trabajadoras hormigas o la perseverante tortuga.

▶ **Colaborar con los demás sin esperar recompensa**. También **pedir y aceptar ayuda cuando la necesito**. Así como hacen los lobos, que andan en manada y se ayudan unos a otros.

▶ **No engañar ni mentir** para conseguir lo que quiero. No hacer como el zorro, que tiene fama de tramposo, bribón y embustero.

▶ **Tener buen humor y ser optimista** como la cigarra, que trata de alegrar a todos con su música.

Para saber y contar

El olfato de las serpientes

Aunque nos parezca increíble, las serpientes utilizan su lengua para captar los olores. Así detectan la presencia de sus futuras presas, a las que luego matan con una mordedura venenosa o las estrujan hasta asfixiarlas.

En blanco y negro

El agua mantiene los ojos de los peces húmedos y limpios; por eso no tienen párpados. Pero, a pesar de tener muy buena vista, no distinguen los colores. Ven todo en blanco, negro y diferentes tonos de gris.

Para mirar mejor

Las arañas tienen ocho ojos que les sirven para estar atentas a los posibles insectos que serán su alimento.

Un mamífero volador

El único mamífero volador es el **murciélago**. Tiene hábitos nocturnos; duerme de día y vuela de noche.

Animales con y sin esqueleto

Los mamíferos, las aves, los anfibios y los peces tienen una columna vertebral que da forma al cuerpo; por eso son **vertebrados**. Hay muchos animales que no tienen esqueleto. Son los animales **invertebrados**, como la mariposa, la lombriz, el caracol, la mosca y el pulpo, entre otros.